Tu sí que m'estimes, Berta!!

Júlia Prunés Massaguer
Il·lustracions d'Oriol Galí Mascarilla

Segona Edició: març de 2013
Júlia Prunés Massaguer
Edita: OmniaBooks

ISBN: 978-84-940555-1-5
Dipòsit legal: B-8639-2013
www.omniabooks.com

Text: Júlia Prunés
Il·lustracions: Oriol Galí Mascarilla

Conte inspirat a partir del llibre "The noticier"
d'Andy Andrews, capítol 3

Imprès a Catalunya

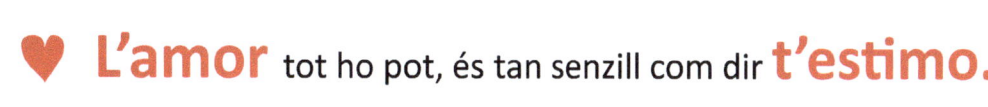 **L'amor** tot ho pot, és tan senzill com dir **t'estimo.**

Hi ha tantes realitats com punts de vista, especialment quan parlem de conflictes i emocions. És per això, que cada conte té un il·lustrador o il·lustradora diferent i la Berta ens sorprèn a cada nova aventura.

La Berta és una nena fantàstica que s'estima moltíssim els animalons. A casa seva hi viuen una gata, un cadellet de gos, una canària, i un peixet de colors. Tots s'estimen de debò.

Una tarda, quan la Berta va tornar d'escola, els va trobar tots ben pansits. La Piula, que solia rebre-la amb els seus alegres refilets, s'estava palplantada mirant els núvols passar. En Quisso, que sempre apareixia fent corredisses darrera la piloteta vermella, s'estava endormiscat als peus del sofà.

La Berta també va trobar a faltar el ronc suau de la seva gata, la Mixa, que sempre li demanava magarrufes cargolant-se-li entre les cames. Fins i tot en Tip, el peixet de colors, semblava trist, quan totes les tardes es remenava content dins l'aquari esperant que hi espolsés una mica del seu menjar.

La Berta no se'n sabia avenir, què els devia haver passat?
- Hola, amics meus! Què us passa avui, que sembleu tan tristos? – els va dir la Berta.

La Piula va refilar:
- La Mixa i el Quisso, que s'han barallat!

El Quisso es va aixecar i va respondre:
- Tu, calla! Que ja hi has dit prou avui! Saps, Berta? Aquesta Piula es posa sempre on no la demanen!!
- Jo només li he donat la raó a la Mixa, que la tenia! – va dir tota enfadada l'ocelleta.

El peixet també va dir-hi la seva des de l'aquari:
- Ja està bé, ja n'hi ha prou... Per què no aneu a barallar-vos fora?... N'hi ha que volem estar tranquils en aquesta casa!

La gata es va acostar sigil·losament a les cames de la Berta tot buscant una carícia:
- Ai, Berta... Estic tant trista!! –li deia somicant - tan feliços que érem tots quatre!

La Berta, que era una nena que escoltava des del cor, sabia que els seus amics s'estimaven moltíssim i que de ben segur voldrien resoldre aquell embolic.

- Em sap greu veure-us tan tristos i enfadats – va dir la nena- us puc ajudar?

- Sí, sí – van respondre tots - Ajuda'ns, si et plau!
- Doncs primer de tot em caldrà parlar amb cadascun de vosaltres per entendre millor què ha passat.

La Berta es va asseure al sofà amb la gata a la falda i tot acariciant-la li va preguntar:

- Explica'm bufona, què us ha passat amb el Quisso avui?
- Mira, Berta...No recordo pas què m'ha dit, però m'he enfadat moltíssim! Es passa el dia ensenyant-nos tot el que sap fer perquè li diguem com n'és de bo en tot! I ja n'estem cansats! La Piula també n'està farta i li ho ha dit!
- Ahà... I com s'ho ha pres el Quisso?
- Doncs, primer s'ha enfadat i ha dit que li tenim enveja! I després s'ha posat molt trist, diu que ja no l'estimem! però no té raó, si sempre li faig carícies i petons! Jo me l'estimo molt!

La Berta la va amanyagar una estoneta, mentre ella roncava feliç a la seva falda.

- Tu sí que m'estimes, Berta!! – va sospirar la Mixa.

La Berta també va cridar el seu gosset:
- Quisso, m'acompanyes al jardí i parlem una estoneta?

El cadellet la va seguir tot remenant la cua, li encantava sortir al jardí!

- Saps que ets un cadellet preciós, Quisso? Digues, què us ha passat amb la Mixa?
- Doncs no sé quina mosca li ha picat! De sobte s'ha posat a cridar i a dir-me que era un pesat! Però si jo només volia que veiés tot el que sé fer. A més, la Piula també s'hi ha posat i m'ha dit que sóc un egoista!

- I com t'has sentit, Quisso?
- Doncs m'he enfadat. No m'ha agradat gens que em parlessin d'aquella manera. Després m'he posat molt trist, que jo la Mixa me l'estimo molt... i la Piula, també!! Si sempre els dic com n'arriben a ser de boniques i les felicito per tot! Em sembla que elles ja no m'estimen, Berta!!

La nena va jugar una estoneta amb en Quisso, tot dient-li com n'estava d'orgullosa d'ell i els seus progressos.

El Quisso va fer un lladruc de felicitat!
- Berta, tu sí que m'estimes!!!

Després va arribar el torn a la Piula.

- Hola, Piula... Què m'expliques tu?
- Jo fa dies que em sento trista... recordo com n'érem, de feliços, abans! Ens feiem companyia els uns als altres i tots escoltaven les meves cançons. Ens estimàvem de debò. Ja fa dies que només canto quan arribes tu, ells ja no m'escolten!

- I avui, què ha passat?
- Doncs que el Quisso feia estona que saltironava amunt i avall, dient a la Mixa: "Mira què faig, Mixa, mira què faig!!" Fins que ella se n'ha atipat! Jo ja feia estona que n'estava farta, de tant saltiró!
- I què li heu dit? - va preguntar la Berta.
- Doncs la Mixa només li ha dit que ja ho havia vist, el que feia, que la deixés tranquil·la, que tenia coses més importants per fer! I jo li he dit que ja era hora que pensés en els altres... Que sembla que només existeixi ell! I s'ha enfadat. Però no n'hi havia per tant, eh?

La Piula, més tranquil·la, es va posar a cantar. La Berta li feia companyia mentre se l'escoltava embadalida.

- Tu sí que m'estimes, Berta!! – li va Piular.

La Berta també va preguntar al peixet de colors.

- Hola, Tip! Què et sembla que ha passat aquest matí?
- Doncs mira, Berta, en aquesta casa cadascú mira per ell! Aquest matí el Quisso insistia que se'l miressin, i la Mixa s'ha enfadat, suposo que, com sempre, voldria carícies. La Piula deuria tenir fred de peus, si fos per ella, l'hauriem d'escoltar com canta tot el dia!
- I tu, Tip, què necessitaves tu?
- Jo només volia estar tranquil a casa meva. Que últimament sembla impossible!

- L'altre dia al Quisso li va caure la pilota, tota bruta, al meu aquari i ni em va demanar disculpes! I la Mixa, que hi mulla les seves potetes i em deixa l'aigua plena de pèls? Jo sempre procuro que estiguin còmodes i no els falti de res, en canvi no sembla que jo els importi gaire - va somicar en Tip.

La Berta va netejar les parets de l'aquari i va espolsar-hi una mica del seu menjar preferit.

- Berta, tu sí que m'estimes!! – li va dir nedant més content.

La Berta els va reunir a tots en una rotllana:

- Us proposo un joc que em sembla que us pot ajudar. És molt senzill. Un de nosaltres escollirà un amic o amiga de la rotllana i li dirà, tot acabant la frase: **Jo et demostro que t'estimo quan...**
Qui hagi escollit li haurà de respondre: **Doncs jo m'adono que m'estimes quan...**

- Qui vol començar? - va dir la Berta

- Jo, jo! –va fer el Quisso remenant la cua - Mixa, jo et demostro que t'estimo quan et dic com n'ets de bonica!

Llavors ella li va respondre:
- Doncs jo, Quisso, m'adono que m'estimes quan em fas moixaines i petons.
La Mixa va continuar:
- Tip, jo et demostro que t'estimo quan m'acosto al teu aquari per fer-te carícies dins l'aigua.

- Doncs jo, Mixa – va dir en Tip -, m'adono que m'estimes quan procures que la meva aigua estigui neta i jo estigui còmode.

Van jugar-hi tota la tarda i van adonar-se que tenien formes diferents d'expressar el seu afecte, i també d'entendre'l... que tot plegat havia estat un malentès i ara que l'havien resolt es coneixien els uns als altres, molt millor...

... i van ser feliços de saber-se tan estimats.

Algunes propostes:

· Feu un llistat amb les diferents maneres que teniu d'expressar afecte vers els altres, veureu que poden canviar depenent de la persona que tenim davant, del lloc, del moment. També podríeu fer un llistat amb tot allò que us fa sentir estimats...Us proposo que jugueu al joc que la Berta ensenya als seus amics... us endureu algunes sorpreses.

· De tant en tant cal fer saber als altres que els estimem i la forma que tenim d'expressar-ho. Per exemple: "Avui he preparat els macarrons que tant t'agraden, és una manera que tinc de fer-te saber que t'estimo", o per exemple "Avui m'he agafat la tarda lliure per estar amb vosaltres, us estimo i aquesta és una forma de mostrar-vos-ho"...

· Alguns conflictes, com el del conte, neixen de malentesos i això sempre els fa complicats de resoldre. És aconsellable prendre una mica de perspectiva i si no ho aconseguim, buscar algú que ens hi ajudi, que faci de mediador, com la Berta en aquest conte. Cada conflicte pot ser una oportunitat per aprendre, créixer i madurar, dependrà de COM el sapiguem resoldre.

· La Berta fa de mediadora en aquest conte, un mediador és una persona que facilita la resolució d'un conflicte a aquells que no s'acaben de posar d'acord.

- És important, primer de tot, oferir-nos per ajudar o bé que ens ho demanin, una mediació no s'ha d'imposar.

- La persona mediadora escoltarà cadascuna de les parts implicades en el conflicte sense jutjar i mantenint-se neutral.

- Aportarà eines i recursos per tal de facilitar que les parts implicades en el conflicte trobin la seva pròpia sol·lució.

Existeixen els mediadors professionals, la mediació és la seva feina i sempre es pot recórrer a ells i elles si tenim un conflicte difícil de resoldre.

Júlia Prunés Massaguer:

Mare, doula, infermera... i entre moltes altres coses: mediadora natural formada pel Servei de Mediació Comunitària de Terrassa, promoció del 2010. Formació a partir de la qual s'ha proposat acostar la cultura de la mediació i la resolució de conflictes a l'àmbit familiar, escrivint i narrant contes com el que teniu entre mans, i dinamitzant tallers per adults, nens/es i famílies amb l'objectiu de facilitar eines per a la gestió de conflictes i la comunicació afectiva.

info@juliadoula.cat · 665 631 051
www.creixerenfamilia.blogspot.com.es
facebook i youtube: Júlia Prunés

www.juliadoula.cat

www.ingramcontent.com/pod-product-compliance
Lightning Source LLC
Chambersburg PA
CBHW041232040426
42444CB00002B/130